ATTENTAT

DE LA

POLICE RÉPUBLICAINE

CONTRE LA

SOUVERAINETÉ DU PEUPLE

PAR VICTOR BOUTON.

Prix : 50 centimes.

SE VEND

CHEZ VICTOR BOUTON, ÉDITEUR,

52, Rue des Noyers.

PARIS. — MAI — 1848.

ATTENTAT

DE LA

POLICE RÉPUBLICAINE

CONTRE

LA SOUVERAINETÉ DU PEUPLE.

·I·

Il y a dans l'Etat un Etat, une faction organisée, une conspiration en permanence contre la république du 24 février.

Malgré l'échauffourée du 15 mai, cette faction est toujours debout, cette conspiration toujours debout, cet Etat toujours debout dans l'Etat. Je ne m'attaque pas à un fantôme, je ne frappe pas des vaincus ; j'affronte un ennemi dans sa force, je lance un éclair dans l'antre où il forge la guerre civile :　la Préfecture de police.

La police républicaine avait deux moyens d'action sur le peuple : le club de la Révolution et la *Commune de Paris*. Ces deux épées ne sont qu'ébréchées dans ses mains.

Les fondateurs du club de la Révolution dont j'ai besoin de vous donner le signalement sont :

Lechallier, ancien courtier d'assurances, employé à la Préfecture de police ;

Cahaigne, employé à la Préfecture de police, et l'un des rédacteurs de *la Commune de Paris* ;

Sobrier, propriétaire de la *Commune de Paris*, qui, après avoir partagé la police avec Caussidière, l'a quittée *nominativement*. On a su, depuis le 24 février, qu'il était propriétaire de 100,000 fr dont il offrait le quart à la patrie. Ce qu'il y a de certain, c'est qu'il remplissait, pour Caussidière, un office à peu près égal à celui de chef d'une police secrète. A ce sujet vous n'aviez qu'à vous adresser à lui, 16, rue de Rivoli, où l'on avait également transporté la *Commune de Paris*, imprimée pendant un mois environ à la Préfecture de police, sous les yeux de Caussidière ;

Lamieussens, qui, flatté du portrait qu'a fait de lui *la Revue rétrospective*, s'est redressé plus souvent qu'un autre, de toute la hauteur de sa vanité, sur les tapis de l'Hôtel-de-Ville et de la Préfecture de police ;

Étienne Arago,...... qui a mis son nez dans la police et la *Commune de Paris* ;

Bonnias, dont il serait difficile de vous donner une définition. Je le renvoie avec Raisant piquer les assiettes de l'Hôtel-de-Ville et de la Préfecture de police ;

Raisant, socialiste à demi, homme sans principes, qui a pataugé dans tous les systèmes, et qui, membre de la commission pour les détenus politiques, au lieu de leur donner du pain, n'a tenté et exploité leur misère que pour les embaucher dans une police républicaine ;

Maillard,...... qui a postulé un poste de commissaire de police ;

Dambel, qui postula sous Delessert, et postula sous Caussidière un poste de commissaire de police.

(N'ayant besoin pour ce récit que de ces noms, je ne me donne pas la peine d'en citer d'autres.)

Excepté Barbès, cet homme honnête et pur que l'on a poussé et joué, ce cœur d'or que menait Lamieussens, enfant derrière lequel on se cachait pour agir.

Voyez-vous s'agiter dans l'ombre ces prétoriens d'une nouvelle espèce, agents d'un pouvoir occulte ? Ce noyau d'hommes que je vous désigne a, depuis trois mois, dirigé un Comité révolutionnaire, un Comité de salut public, une espèce de Commission d'enquête formée par eux-mêmes contre leurs adversaires. Ne perdez pas ces noms-là de vue. A part quelques intrigues personnelles, quelques dissidences apparentes, véritables ruses de guerre, vous les avez vus et en verrez encore plusieurs agir et capter la faveur populaire. Quand vous voudrez vous expliquer la nature de certains faits, de certaines démarches, de certaines affiches, confrontez ces noms, et vous aurez la clef de toutes les combinaisons de la police.

II.

Caussidière est entré le 24 février à la Préfecture, au moment où Sobrier venait de s'y poser. Comme il venait de l'Hôtel-de-Ville, où il n'y avait plus de place à sa convenance, il parla en maître à Sobrier : « Où est la grenouille ? » s'écrièrent nos deux préfets. Accord touchant, qui dénote leurs préoccupations vertueuses. Sobrier mit la main sur les 40,000 fr. qu'il partagea avec Caussidière. Celui-ci, dit-on, s'empressa de remettre sa part en caisse ; quant à Sobrier, il ne faut point se le dissimuler, et toutes les protestations de vertu républicaine sont vides devant les faits. Sobrier ne rendit les 20,000 fr. qu'en affichant et publiant dans les journaux, quinze jours après et sur les vives instances de Caussidière, que ces 20,000 fr. étaient un don qu'il faisait à la République.

Caussidière est l'homme de Ledru-Rollin ; à qui il est dévoué en raison des services d'argent qu'il en a reçus. Comme commerçant, il n'a jamais su faire ses affaires ; il n'a pas comme préfet fait davantage celles de la République. Sa place n'était pas rue de Jérusalem. Ce n'est pas un homme de prudence, de prévoyance, de méfiance et de ruse. C'est un fort-à-bras, un homme de conspiration et d'émeute. Je ne veux pas lui faire un crime de ses défauts, mais il faut l'apprécier selon sa valeur. C'est un garçon d'une corpulence énorme, une petite tête enfoncée dans de larges épaules : de l'abdomen, pas de cerveau. En temps de révolution, — et la Révolution n'est pas finie, — un homme comme Caussidière, donnant le bras à Ledru-Rollin, ne sera pas capable de conduire la France sur un étroit sentier bordé d'abimes : ils nous feront pencher d'un côté ou de l'autre. Le Pouvoir exécutif y a pris garde.

On a souvent reproché à Marrast d'être un corrompu. Les ennemis les plus acharnés de Marrast sont les hommes sortis de *la Réforme* pour aller à la Préfecture ; et je puis dire, sans blesser personne, que si Marrast est d'une vie plus raffinée, ses antagonistes sont des hommes d'une sensualité grossière, de véritables piliers d'estaminet. Les Cahaigne, les Leoutre, les Caussidière fréquentaient assidûment l'estaminet J.-J. Rousseau, en face la rue Verdelet ; là, en *famille*, dans un coin, ils se prélassaient entre une choppe et un piquet.

Il n'y a eu qu'un changement de décoration à ce genre de vie, qui continua à la Préfecture dès les premiers jours de la République. Comme à la cour du roi Pétaud, chacun y était maître, chacun y commandait. C'était comble ; les couloirs, les antichambres, les salons, les escaliers étaient envahis. C'était le désordre d'une place prise d'assaut. La bonne chère des vainqueurs était vraiment déréglée. Les raffinements des soutiens de la monarchie ne suffisaient plus aux mangeurs de la République. Les tables des hauts personnages étaient inondées. Chacun gardait les portes, non pas contre les envahissements de la foule, ou contre la peur d'une conspiration imprévue ; mais chacun sentait qu'il avait à garder ce désordre. Quant aux pauvres combattants, ils étaient relégués au bas de l'escalier ; l'orgie d'en haut ne descendit point en manne sur leurs souffrances ; plus d'un père de famille n'avait pas chez lui du pain pour ses enfants. Je n'attaque que les chefs.

Caussidière voulut justement mettre sa force dans ce désordre. Homme d'une incapacité notoire, entouré d'hommes vraiment tristes, il s'enhardit dans cette position, flatta les plus militaires, s'attacha les chefs de postes, qui, résolus à tout, déclarèrent que si le moindre changement survenait, c'est-à-dire si Caussidière sautait, ils étaient là pour faire sauter les autres. C'est l'origine des Lyonnais, des Montagnards, de la Compagnie Saint-Just, des Enfants de Paris.

Cette situation n'était pas celle qu'il fallait à la police d'une ville comme Paris le lendemain d'une insurrection. Si un complot hardi eût cerné la Préfecture, on les eût grillés comme on l'eût voulu : Paris était sans défense contre un coup de main. Bons à faire la police de sûreté, ils étaient incapables de déjouer la moindre tentative, la moindre conspiration. Menés le plus souvent en expédition contre les bandes de dévastateurs et d'incendiaires de la banlieue, ils firent de la sorte un service important, qu'eux seuls pouvaient faire avec courage, vu la difficulté des temps. Ils furent utilés, on doit leur en savoir gré. Mais, en vérité, la Préfecture était, politiquement, dans un délabrement moral complet.

Cependant les clubs s'élevaient de toutes parts ; quelques-uns renfermaient des hommes habitués à la vigilance, prompts à l'attaque, et se posant en face du pouvoir pour en contrôler ouvertement tous les actes.

La situation était périlleuse. Je pouvais être utile. Qui, plus que moi, courait les clubs, les assemblées, les coteries ? Je connaissais les hommes, je les observais, j'étudiais leurs idées, je contrôlais leurs actes. Je voyais, j'écoutais avec calme, avec sang-froid ; je jugeais les choses sans amour-propre, et je n'étais absorbé par personne.

J'allai voir M. Pagnerre à l'Hôtel-de-Ville. A des observations pleines de sens, où je lui démontrai, par la situation de Paris, que le Gouvernement provisoire était à *découvert*, que la guerre civile était imminente; j'ajoutai que, à mon avis, il fallait vigoureusement prendre en main des mesures de sûreté politique; que la scission entre l'Hôtel-de-Ville et l'Intérieur paraissait si claire, que si l'on n'avisait pas immédiatement à organiser sur un bon pied l'administration de la Police, il arriverait une heure où l'Hôtel-de-Ville serait surpris et sacrifié par la nouvelle Montagne. Pour moi, lui dis-je, ne voulant pas voir Paris agité par des hommes inhabiles et impuissants, je viens me mettre à la disposition de l'Hôtel-de-Ville pour le cas où un remaniement aurait lieu dans les attributions des ministères.

En effet, on peut se rappeler qu'il fut question nonseulement de remplacer Caussidière par Recurt à la Police, mais encore Ledru-Rollin par Cormenin au ministère de l'Intérieur.

Pagnerre me parla des difficultés qu'on rencontrait pour opérer cette modification. Garnier-Pagès et lui étaient allés à la Préfecture, où Caussidière s'était pour ainsi dire barricadé, et où il ne reçut, avec emphase et d'une manière peu courtoise, que Garnier-Pagès seul, comme on reçoit un parlementaire armé de pied en cap.

Cette singulière façon d'agir a-t-elle imposé au Gouvernement? Je le crois. Mais si l'on eût voulu emporter la place, les *Montagnards*, les *Lyonnais* et les autres eussent défendu leur patron et leur citadelle militairement et par les armes Garnier-Pagès se retira. Pagnerre était resté honteusement en bas, au milieu de la cour, dans le calèche de Garnier-Pagès.

La fraction la plus sensée du Gouvernement provisoire a manqué, en cette occasion, de volonté opiniâtre, de fermeté. Son esprit flottant a fléchi devant des menaces sacrilèges, j'ose le dire. Pour moi, qu'on ne m'accuse pas d'avoir voulu m'élever par l'intrigue. Je suis convaincu que, si la combinaison avait réussi, si Cormenin était entré à l'Intérieur et Recurt à la Police, la modification eût été heureuse pour le pays. Rollin n'en eût pas été moins membre du provisoire, et Caussidière n'est pas homme à ne pas se ménager un trou.

C'était un homme comme M. de Cormenin qu'il fallait à côté de Louis Blanc. Qui, plus que lui, par l'étendue de ses connaissances, par sa pratique des affaires, était capable d'approfondir le bien et le mal, et de discerner le possible de l'abstraction? Si Louis Blanc eût trouvé le concours d'un ministre pratique, d'un administrateur consommé, d'un logicien de fait, d'un homme d'État qui l'aidât par les voies administratives à inoculer dans les veines de la France le sang nouveau de la vie sociale, Louis Blanc n'aurait pas été ac-

culé dans une impasse, l'Assemblée nationale n'eût pas vu l'orage s'amonceler sur sa tête, et la révolution sociale ne serait pas à recommencer.

Qu'avons-nous eu à l'Intérieur depuis le 24 février? Pas un acte administratif dont l'influence révolutionnaire marquât le passage de Ledru-Rollin. Qu'avonsnous eu à la Préfecture de Police depuis trois mois? Des cris, la terreur blanche, pour effrayer les vieilles femmes et les vieux employés ; des menaces de guerre civile et rien de plus. Ce n'est pas ainsi qu'on conduit un grand État.

J'allais souvent voir Pagnerre ; j'étais reçu à toute heure, sans difficulté, lorsque personne n'était admis. Les clubs étaient toujours le sujet de nos entretiens. Je m'aperçus que les sociétés populaires effrayaient le Gouvernement provisoire, qui les voyait chaque soir trancher les questions avec une logique opposée à la sienne.

La manifestation du 17 mars approcha. « Préparez » vos discours, dis-je à Pagnerre; 20,000 hommes » des clubs vont venir vous demander l'ajournement » des élections.—Vous exagérez.—Les clubs sont puis- » sants.—Nous aimons les clubs ; quelques-uns nous » inquiètent, mais la totalité nous servira à tenir en » respect la réaction qui veut peser sur les délibéra- » tions de l'Hôtel-de-Ville, et à qui nous venons de » faire subir le niveau de l'égalité en abolissant les » compagnies privilégiées dans les rangs de la garde » nationale. Quant à la manifestation pour la remise » des élections au 31 mai, elle sera loin d'atteindre » 20,000 hommes. — Pardon, je vous ai dit tout à » l'heure 20,000, demain je vous dirai 40,000, et je » ne compte pas les corporations. — Oh! oh! »

Le soir, 15 mars, *la Presse* publie une affiche placardée sur les murs de Paris, où l'on convoque les gardes nationaux pour se rendre à l'Hôtel-de-Ville le lendemain 16, et présenter une protestation contre l'arrêté qui dissout les compagnies de grenadiers et de voltigeurs. Cette protestation a été baptisée du nom de *Manifestation des bonnets à poil*.

Quand les gardes nationaux arrivèrent près de la Grève, le Gouvernement provisoire les attendait. Il connaissait tellement le caractère inoffensif de la démarche, que, dès avant midi, il était réuni à l'Hôtelde-Ville et recevait avec empressement les délégués de toutes les légions. Cet incident finit comme une comédie : l'Hôtel-de-Ville était en fête, mais sa joie ne dura pas jusqu'au lendemain.

Dans la soirée, le bruit courut que les mécontents s'étaient rendus près de Ledru-Rollin et l'avaient forcé à donner sa démission. Cette nouvelle produisit dans les clubs une alarme et une fermentation pleine de colère : on ne se sépara qu'en se donnant unanimement rendez-vous en masse pour la manifestation du lendemain.

Déjà, vers les quatre heures de l'après-midi, les présidents et les délégués des principaux clubs, au nombre de 30, avaient, après plusieurs séances délibératives, arrêté une adresse rédigée sous la présidence de Blanqui. L'espace me manque pour donner cette adresse, qui indique le véritable caractère, le vrai but de la manifestation. C'est un document curieux pour l'histoire, en voici le résumé : « Nous venons vous apporter le vœu du peuple de Paris, et vous demander en son nom: 1° l'éloignement des troupes ; 2° l'ajournement au 5 avril de l'élection pour la garde nationale; 3° l'ajournement au 31 mai des élections pour l'Assemblée nationale. »

Le rendez-vous général fut donné, pour les corporations aux Champs-Elysées, carré Marigny, et pour les clubs dans la cour du Louvre. Mais la police qui s'était glissée chez Blanqui se chargea de frapper de crainte le Gouvernement provisoire, auquel elle parla de complot sans lui donner les moyens d'en faire échouer la tentative. La peur gagna l'Hôtel-de-Ville et la Préfecture à la fois. La police était débordée : Blanqui se moquait pas mal de Ledru-Rollin et de Caussidière! La police se concerta, elle eut peur, elle se fourvoya. Elle n'eut ni courage, ni audace, ni sang-froid. Elle eût bien voulu de la manifestation, mais à son profit. Incapable, elle se fit complice.

Dans sa timidité, elle fabriqua une affiche; elle voulut rompre le faisceau imposant formé par l'adhésion collective des clubs, rapetisser la démonstration, en faire le pendant de celle des bonnets à poil; elle voulut briser le rendez-vous, bouleverser les corporations, faire rater l'ensemble du départ. Voici l'affiche des roués de la police :

« Le peuple a été héroïque pendant le combat, généreux après la victoire, magnanime assez pour ne pas punir...

» Il est calme, parce qu'il est fort et juste...

» Que les mauvaises passions, que les intérêts blessés se gardent de le provoquer!...

» Le peuple est appelé aujourd'hui à donner la haute direction morale et sociale.

» Il est de son devoir de rappeler fraternellement à l'ordre ces hommes égarés qui tenteraient encore de se maintenir en corps privilégiés dans le sein de notre égalité!

» *Il voit d'un œil sévère ces manifestations contre celui des ministres qui a donné tant de gages à la révolution.*

» Que le peuple se rassemble donc aujourd'hui 17, à dix heures du matin, sur la place de la Révolution ; qu'il exprime sa volonté.

» Nous avons versé notre sang pour la défense de la République; nous sommes prêts à le verser encore.

» *Nous attendons... nous qui manquons souvent du nécessaire...*

» A cette heure, ceux qui marchent contre la révolution ouvertement ou sourdement, commettent un crime de lèse-humanité.

» A nous donc, citoyens! Allons au Gouvernement provisoire l'assurer de nouveau que nous sommes prêts à lui donner notre concours pour toutes les mesures d'ordre, d'unité et de salut public.

» Vive la République!

» SOBRIER, CAHAIGNE, PILHES, ROZIÈRE, GANNEAU, LECHALLIER, IMBERT. »

Qu'étaient les Sobrier, Cahaigne, Lechallier, pour tenter de substituer leur initiative personnelle à une démonstration collective? Pourquoi leur affiche portait-elle un autre rendez-vous que celui des clubs et des corporations? Pourquoi ces citoyens sans mandat cherchaient-ils à s'imposer?

On voit que les boucs émissaires de Caussidière, qui parlent de direction sociale, ces hommes dévoués manquant, hélas ! du nécessaires, ne visent qu'à diriger le mouvement en faveur du ministre Ledru. Mais pour faire avorter la manifestation et donner le change à l'opinion, il fallait d'autres gaillards qu'eux. Ils n'étaient ni de taille, ni de force.

Le Gouvernement provisoire, effrayé des rapports de ces agents, fit venir le colonel Rey, commandant de l'Hôtel-de-Ville, et lui fit part de ses craintes. Le colonel arma le palais jusqu'aux dents. Il était en mesure de faire sauter la place devant une attaque : comme si c'était là le danger !

Le 17 mars, dès dix heures du matin, le carré Marigny et le Louvre furent envahis par 200,000 hommes, cette masse s'ébranla précédée d'une bannière sur laquelle était écrit : *Ajournement des élections.* Les présidents et délégués des clubs et des corporations se détachèrent des groupes en arrivant sur la place de Grève; ils montèrent au Palais; le Gouvernement provisoire n'y était pas. Il s'était bien trouvé là, la veille, pour la manifestation innocente des bonnets à poils, pourquoi ne fut-il pas là pour recevoir le peuple ? Le cortège attendit trois heures, sans murmurer, les pieds dans la boue. Le membre du Gouvernement qui eût dû montrer du courage, le seul qui n'eût dû rien craindre, c'était Ledru-Rollin ; le seul qui eut du courage, ce fut Lamartine. Il se hasarda le premier à montrer sa tête à l'orage.

Les autres membres du Gouvernement n'arrivèrent que successivement. Il fallut aller les chercher l'un après l'autre. Le peuple s'impatientait On raconte que l'Hôtel-de-Ville fut témoin de scènes inouïes. Une dure leçon fut donnée à Marrast, à Pagnerre et aux autres modérés ; des personnalités blessantes les accablèrent ; l'exaspération était à son comble. L'Hôtel-de-Ville était atterré.

La police n'avait pris aucune des mesures ordinaires qui préviennent de tels désordres : l'Hôtel-de-Ville envahi, bouleversé ; le Gouvernement insulté, par la même marche, par les mêmes moyens mis en jeu le 15 mai pour envahir et bouleverser l'Assemblée nationale : même combinaison à laquelle il n'a manqué la première fois que le dénouement dramatique de la dernière.

Évidemment tout va de même en révolution. La police, le 17 mars, avait laissé envahir l'Hôtel-de-Ville et laissé le Gouvernement à découvert : l'émeute n'avait plus qu'à le mettre à la porte, et c'est ce qu'elle avait prémédité. La police a laissé envahir la Constituante le 15 mai, et livré l'Assemblée à découvert contre l'émeute ; il n'y avait plus qu'à dissoudre l'Assemblée, et c'est ce qu'on a fait ! La belle malice ! Comme c'est difficile à deviner, à prévenir et à contrebarrer. Mais la police, complice à moitié la première fois, le fut tout à fait la seconde ; elle ne prévint ni ne contrebarra rien.

Le 17 mars et le 25 mai ont une ressemblance jusque dans les allocutions : « Vous êtes en train de nous escamoter la révolution, criait-on à Marrast. Qu'avez-vous fait depuis trois semaines ? Rien. Il est temps qu'on mette ordre à cela. Vous êtes des traîtres ! Nous ne sortirons pas d'ici que vous n'ayez décrété ce que nous voulons. »

Barbès et Sobrier arrivèrent. Barbès, par sa position, son amitié, son dévouement au provisoire, avait ses entrées franches à l'Hôtel-de-Ville. Sobrier, lui, venait continuer son rôle de police. Avec cette *rabbia* qui le distingue, il gesticula, parla, s'interposa. Le malheur de Barbès est d'avoir permis si longtemps à un pareil être de se servir de son manteau.

Au moment où le Gouvernement provisoire put écouter l'adresse des clubs, les cris recommencèrent. Louis Blanc voulut parler. « Ce ne sont plus des mots qu'il nous faut ! ce sont des faits, des actes, à l'instant même ! » Louis Blanc put enfin se faire entendre ; je fis ressortir deux phrases nécessaires pour corroborer ce récit : « Les vœux exprimés par le peuple seront
» l'objet de mûres délibérations ; mais ces délibérations
» doivent être libres, et le peuple a parfaitement com-
» pris, dans son admirable sagesse, que gêner la li-
» berté de ses représentants, ce serait compromettre
» leur dignité, et, par conséquent, la sienne. Mainte-
» nant, citoyens, laissez-nous délibérer sur vos vœux ;
» laissez-nous délibérer, pour qu'il soit bien entendu
» que le Gouvernement provisoire de la République
» ne délibère pas sous l'empire d'une menace. »

Sobrier et compagnie étaient animés d'une fureur qu'ils contenaient à peine. Hommes sans force morale, sans prudence, sans sang-froid, ils avaient laissé en-

vironner le gouvernement d'un orage qu'ils n'avaient pas su dominer ni maîtriser. En redescendant le perron de l'Hôtel-de-Ville, quelques-uns d'eux s'acharnèrent à faire disparaître le drapeau qui demandait l'ajournement des élections au 31 mai.

Mais cet échec honteux devait leur peser. Dès le soir, ils résolurent de se venger. Ils commencèrent immédiatement à attaquer ceux qui, dans les clubs, avaient soulevé la proposition de manifester d'une manière aussi formidable la puissance populaire. Blanqui, Cabet, Flotte, Lacambre, furent immédiatement désignés comme des factieux. Sobrier, Cahaigne, Lechallier, Raisant, Bonnias, Lamieussens, Maillard, colportèrent partout les accusations les plus graves. Ils crièrent à qui voulait l'entendre que Blanqui avait voulu renverser le gouvernement du 24 Février, et qu'il avait dans sa poche un autre gouvernement tout préparé ; le docteur Lacambre était un homme farouche, un sicaire ; Flotte avait tiré un poignard de sa poche. Ces confidences n'atteignirent pas le but qu'ils se proposaient ; elles donnaient au contraire une force, une valeur, une prépondérance à Blanqui dans l'opinion. On décida qu'un nouveau club serait formé pour balancer l'influence de *la Société centrale républicaine*.

De mon côté j'allai voir Pagnerre : « Eh bien ! fis-
» je ; vous ne vouliez pas 40,000 hommes, vous en
» avez eu 200,000. — Oui, dit-il, cela nous a ouvert
» les yeux ; et comme il est aussi précieux pour Ledru-
» Rollin que pour nous d'en finir avec Blanqui et con-
» sorts, Caussidière nous a promis d'arranger cela.
» La police municipale, qu'on voulait distraire de la
» police judiciaire et politique, restera dans les attribu-
» tions de la rue de Jérusalem, comme devant... Allez
» voir Caussidière..... — Non, Monsieur. » Et je me retirai.

Blanqui était devenu la bête noire de tout le monde. En effet, homme des agitations populaires, aimant à savourer le frémissement des masses, il s'était plu à exciter la tempête, et d'un tour de bras, agitant les clubs, il venait de faire tournoyer le souffle de deux cent mille hommes sur la tête de l'hôtel-de-ville qu'il eût pu déraciner.

Il fallait le détruire ou composer avec lui. Pour le détruire, la police proposa deux moyens : élever club contre club, publier un factum contre lui. Ces deux moyens combinés, l'un pour soutenir l'autre, Lamieussens se chargea de détourner du club Blanqui plusieurs individus. Il n'y a pas d'astuce, de raisons captieuses que Lamieussens n'ait employées pour me convaincre de ce qu'il appelait *l'ambition* de Blanqui. Je suivis Lamieussens, Bonnias suivit Raisant. D'accord avec les Cahaigne, les Sobrier, les Lechallier, Lamieussens circonvint Barbès, le capta, l'entraîna, et le *Club de la Révolution* fut fondé. Lamieussens en fut secrétaire, Barbès président. Les Cahaigne, les Sobrier, s'effacèrent derrière l'auréole politique du martyr. Le public, ce benêt, allait au club Barbès, sans se douter qu'il assistait à une comédie de policiers.

Lamieussens est un faiseur : Lamieussens tripota. Lamieussens prit Barbès par la main, exalta son civisme, flatta son antipathie pour Blanqui, ravala la popularité de son rival, et... le conduisit tranquillement au ministère de l'Intérieur. C'est là que ce cri fut arraché à Barbès : « Si ce n'était pas Blanqui, ce serait moi ! » Barbès fut surpris ; son mot est affreux. L'homme a été piqué sans voir le serpent sous sa main.

Le succès du document était assuré. On se coalisa pour le lancer dans le monde politique. On le plaça dans les mains d'un homme qui ne demanda pas mieux que d'en être l'éditeur : le *Document-Taschereau* commença la *Revue rétrospective*.

« Blanqui est f..., me dit Lamieussens : il ne s'en relèvera pas. » Il fallait à tout prix annihiler cet homme, le perdre momentanément, amortir son influence, afin que dans la lutte probable qui allait s'ouvrir entre les modérés de l'Hôtel-de-Ville et les exaltés de l'Intérieur, Blanqui ne leur *soufflât* pas la victoire.

La conspiration a été logique ; elle a été menée avec rouerie ; seulement les conséquences en sont retombées sur la tête des auteurs dans le coup de main du 15 mai.

Lamieussens et Maillard nous annoncèrent, sans gêne, la publication du mystérieux document. Ce qui m'étonna, c'est que, riant sous cape, et cachant leur jeu, nos deux citoyens, voyant le document paraître dans la *Gazette des Tribunaux*, poussèrent des cris de surprise comme s'il était nouveau pour eux. Lamieussens et Maillard eurent assez d'audace pour provoquer au Club de la Révolution, formé exprès pour cela, une commission d'enquête pour juger la véracité du document ! La commission d'enquête se forma séance tenante, et facilement : elle était prête. Lamieussens et Raisant se récusèrent, comme étant signalés dans le rapport, mais ils prirent part à tout ce qui fit à ce sujet. Sobrier, Cahaigne, Lechallier, tous ceux qui font la police, furent chargés de diriger la commission contre leur adversaire.

Je ne voulus point être leur complice. J'avais refusé d'aller voir Caussidière, selon l'avis de Pagnerre, parce que la police dirigée par lui tournait contre la République ; je refusai également de prendre fait et cause contre Blanqui pour la police, et ce me fut fatal. Quelques jours après avoir demandé qu'on laissât à Blanqui le temps de préparer sa défense, je fus attaqué à mon tour par Lechallier, comme ayant été agent de police

du régime déchu. « J'en ai trouvé, dit-il, la preuve dans un dossier ; Victor Bouton est inscrit sous le numéro 1000 ! » Le lendemain étant allé rue de Rivoli demander une explication, Sobrier balbutia, nia toute participation, m'offrit ses services ;... et le lendemain, il inséra, de concert avec Cahaigne et Lechallier, une note qui me fit passer dans tout Paris pour un assassin.

Raisonnons : le n° 1,000, sous lequel m'a inscrit la police ne prouve qu'une chose, c'est qu'il y en a 999 avant moi, et un plus grand nombre après probablement. Cette classification est tombée alors aux mains de Caussidière, Lechallier, Sobrier ; et s'il y manque plus tard quelque chose, il sera facile d'en trouver le voleur. Quant à un dossier, qui n'a pas le sien ? Le mien doit être volumineux : j'y ai laissé des vers et de la prose, de la poudre, des munitions de guerre. J'ai été deux fois en assises, trois fois en correctionnelle ; j'ai eu je ne sais combien de descentes de police. Ce dossier doit donc être aussi varié que complet ; il est enrichi de comptes, registres, poésies, factures, quittances, pamphlets, documents de toute sorte, correspondances choisies. Ce dossier est si cocace, qu'un juge d'instruction, il y a deux ans, voulant m'écraser de son poids, me dit d'un ton grave : Vous devriez en être honteux ! Ce brave juge m'a fait condamner au maximum de la peine, parce qu'il a vu dans ce dossier de très-mauvaises notes sur mon compte. Est-ce que ce juge était rédacteur occulte de *la Commune de Paris* ? Est-ce qu'un de ces jours, si je demande encore les réformes politiques en vue des réformes sociales, je serai accusé par les rédacteurs de *la Commune* d'excitation à la haine entre les classes de la société, et que le juge en question me fera condamner au double maximum, comme récidive ?

Quoi qu'il en soit, passez-moi une comparaison entre M. Caussidière et M. Delessert. La dernière fois que M. Delessert s'occupa de moi, il lança ses quarante-huit commissaires de police dans Paris contre mon *Almanach démocratique*. Dans le rapport qu'il adressa, au sujet des *Publications anarchiques* de l'an 1846, au ministre de l'Intérieur, rapport publié par la *Revue rétrospective*, page 94, on lit : « Je me conten-» terai de rappeler à ce sujet à Votre Excellence que » l'éditeur de ce pamphlet subversif, que je lui avais » signalé le 9 octobre dernier, le sieur Victor Bouton, » a été condamné par arrêt de la Cour d'assises de la » Seine, du 7 octobre, à un an de prison et 500 francs » d'amende. » (Et plus bas). « *Signé*, le pair de France, » préfet de police, G. DELESSERT. » A la bonne heure ! quand un homme vous gêne, c'est ainsi qu'on le frappe. Mais le spirituel Caussidière n'a pas cet esprit-là ; son tempérament ne lui permet pas d'employer la fluesse, et ses mœurs lui interdisent les bonnes manières; donc, sans prendre de gants , il appelle dans son cabinet un révolutionnaire, et lui dit d'un air mystérieux : « Te ne sais pas? — Quoi! — Eh bien? — » Quoi? — Devine! — Quoi? — J'ai découvert... — » Parle donc ! — Que V. Bouton était dans la police! » — Bah ! »

Qu'on me cite un trait aussi stupide que celui-là; un acte aussi immoral , aussi indigne d'un magistrat. J'en suis content comme arme à retourner contre la police, et je donne la publicité à ce fait pour que tous les agents secrets qui me liront sachent qu'après Caussidière, ils sont perdus; j'en suis fort aise. On tue l'un par haine, l'autre par vengeance; celui-ci par colère, celui-là par ivresse : un homme qui s'avine dit tout. Quel est l'agent sérieux qui puisse se confier à la police républicaine? Quelle garantie d'ordre et de stabilité? C'est un danger dont j'avertis ceux qui veillent au repos de l'État.

Comme les travaux de la police avaient passé sous mes yeux par Sobrier et Lamieussens , je reconnus, malgré mon étourdissement, l'arme qui me frappa au club de la Révolution : aussi. j'ai dû, sans préambule, sans discussion. par l'effet pur et simple de la logique intérieure, jeter à la face de ces gens : « *Je n'accepte pas votre juridiction !* » J'aurais été un jobard de répondre à des gueux que je connaissais si bien.

Je fus l'objet d'une agression plus odieuse encore au club républicain du faubourg Saint-Denis. Au club Barbès on m'avait accusé, condamné, pris ma carte et exclu tout d'un coup; dans l'espace d'une seconde tout fut fait, tout fut dit. Au club Saint-Denis. on m'exécuta sans bruit et en mon absence. Lamieussens et Maillard dirigent ce club; Dambel en est secrétaire. Caussidière poussa Tiphaine , Tiphaine poussa Lamieussens, Lamieussens poussa Maillard, Maillard poussa Dambel, Dambel écrivit à Caussidière, Caussidière renvoya à Elouin , Elouin renvoya à Tiphaine une lettre écrite au nom du club , sur laquelle on lit en marge les noms de Elouin et Tiphaine , certifiant que l'accusation du club Barbès a quelque valeur. La police certifie la police! Un agent, deux agents, trois agents, quatre agents, cinq agents. six agents, un chef d'état-major de police ça fait sept, un chef de division ça fait huit, un sous-préfet ça fait neuf, une doublure de préfet ça fait dix, un préfet même ça fait onze.... Quel luxe de supplice pour tuer un homme !

Si cela n'avait pas été fait dans l'intérêt de la conspiration de la police, qu'on m'explique, si l'on peut, par quel renversement des notions les plus simples de l'art de gouverner, Caussidière a commis cette lâcheté. Je n'ai pas voulu me faire le très-honorable valet d'une politique contraire aux intérêts de la République : je n'ai pas voulu conspirer contre mon pays avec Caussidière, Sobrier et tous ceux qui sont venus, le 15 mai, briser leur ambition à l'angle de la rue de Bourgogne. Voilà la vérité. Mais si demain *le National* conspire à son tour contre la minorité, et qu'un rédacteur du *National*, devenu préfet de police, se permette d'accuser faussement celui qui ne voudra pas attenter à la liberté, qu'arrivera-t-il? L'accusation d'être agent de police sera une provocation continuelle à l'assassinat; on tombera sous le poignard , sans pouvoir se défendre, innocent ou coupable. Mais aussi plus de police possible en vérité, et les agents auront intérêt à assassiner les chefs dans lesquels ils n'auront plus confiance et qui tomberont dans la disgrâce.

Et pour pousser jusqu'au bout les conséquences d'un pareil système, je dis qu'en quittant la Préfecture de police, Caussidière est capable d'en tirer plus d'un secret, afin qu'au jour où ses amis conspireront contre la République, la police n'ait aucune action secrète contre eux.

Quant à moi , on a voulu me retrancher de la vie politique, et l'on a voulu me faire mourir de faim. Je gênais ces gens-là, voilà tout. On ne fera jamais croire au public que j'étais un homme bien remarquable, un homme bien dangereux , et le plus redoutable de tous. Car toutes les anciennes polices fonctionnent, bien ou mal : la police du château , la police de l'intérieur. la police secrète de la préfecture, bonapartiste, légitimiste. aristocratique et populaire : toutes les polices, enfin, fonctionnent, sans compter une grosse police républicaine que Caussidière avait lancée dans les jambes de Blanqui et des clubs. Non, vous ne pouvez pas dire qu'il y avait dans cette fourmilière un homme, surtout et par dessus tout, à craindre, un seul à briser pour le salut de la République : moi !

III

La police républicaine avait son journal. Elle ne pouvait pas vivre sans cela. Il faut qu'elle cuve après dîner. C'est sa superfétation. Je ne veux pas attaquer *la Commune*, qui vient de reparaître, parce que je ne l'estime pas. Je ne me suis pas inquiété de ses jugements. parce que les gens ivres ne raisonnent pas.

La Commune, c'est Sobrier: *la Commune* , c'est Cahaigne. Cahaigne restera-t-il à la Préfecture? Dans quel intérêt relève-t-il *la Commune?* On a dit que Cahaigne avait quitté Sobrier; n'en croyez rien. Les gens qui font de mauvais coups n'ont pas toujours l'air de s'entendre, et ne s'entendent que mieux. Ils ont conspiré ensemble avant février; ils ont conspiré depuis février; ils conspireront encore contre la République, qu'ils ont voulu étrangler. il y a quatre jours.

La Commune me détestait, d'abord comme son ennemi, ensuite comme son rival. Je lui ai fait concurrence pendant huit jours avec un journal de clubs. Rancune de journaliste ne pardonne jamais. Et puis, je me suis moqué de M. Cahaigne même, des vers de M. Cahaigne ! Si vous saviez comme M. Cahaigne fait les alexandrins ! J'aurais dû sourir à de si beaux hémistiches.

La Commune était ridicule quand elle parlait de tempérance républicaine : on fabriquait *la Commune* après la pipe et le petit verre. *La Commune* était indécente quand elle parlait de vertu, elle qui jouait un rôle de mensonge et de police. *La Commune* était odieuse ; elle m'ennuyait ; elle était pour moi une antithèse. *La Commune* était plate à force de rodomontades, elle attaquait pour ne pas être attaquée ; elle insultait au lieu d'être vigilante. Il y a pourtant assez d'armes dans l'arsenal de la rue de Jérusalem pour couvrir ses mensonges d'un peu d'esprit.

Cette feuille, qui avait les deux mains à la police, au lieu d'affermir la République, la faisait détester. Au lieu d'être adroite et intelligente, elle était insolente et lâche ; au lieu d'éclairer l'opinion, elle l'égara : il est vrai qu'elle conspirait en faveur d'une République de sa couleur.

J'en suis venu au point de ne pas estimer *la Commune*. Je ne me crois plus offensé de ce qu'elle a dit de moi. Tout de même elle m'a fait passer pendant vingt-quatre heures pour l'assassin d'un homme que, ce jour même, j'avais le courage de défendre contre une calomnie. Ce soir-là, je suis allé à *la Commune*. J'ai été dur devant Sobrier. Il aurait pu me mettre à la porte ; il m'a reconduit avec politesse et sa bougie à la main.

Je prends corps à corps *la Commune*, parce que Cahaigne vient de la relever. Je veux enfoncer, à ses yeux même, cette feuille dans le mépris. Un tourment bizarre démange Cahaigne : il a un tic : quand il bave, ce garçon-là, il est fâché qu'on ne lui accorde pas les honneurs qu'on rend au grand lama.

Sobrier est un énergumène ; Cahaigne est un homme méchant, dévoué à une coterie qui l'a enflé d'importance. À quoi est-il bon à la Préfecture de police ?

J'avais demandé à m'occuper de la police. Je l'avais dit à Pagnerre, à Cormenin, à Pinard, à Louis Blanc. J'en aurais fait avec calme, avec dignité, froid comme une statue dont l'œil vous fixe, et semble s'attacher à vous impitoyablement. Je j'aurais voulu, parce qu'ayant connu des périls, j'aurais partagé les difficultés de la situation actuelle. J'ai des inquiétudes, aujourd'hui, plus encore qu'avant le 15 mai, des inquiétudes fondées, pour ma patrie, rien que pour ma patrie.

Et vous auriez voulu que je fisse de la police avec eux ? que je conspirasse avec eux ? « Moi, ai-je répondu, porter la guerre civile dans mes flancs ? » Je n'étais pas fait pour donner, au sortir d'une orgie, l'ordre de troubler la cité. Je raisonne, je suis froid, je calcule. Je n'étais pas fait pour me précipiter dans les saturnales de la rue de Jérusalem.

Des optimistes me reprocheront la publicité donnée à ces détails : « L'Assemblée nationale va leur faire rendre des comptes, on réorganise tout cela ! « Ah ! ouais, l'Assemble ne fera pas grand'chose. Le pouvoir exécutif ne coupera pas le mal dans sa racine... Et s'i bouge, il verra !... En attendant, je l'avertis, et je l'avertis au péril de mes jours. Mais qu'importe ! J'ai subi les transes de la prison, les angoisses de la misère, les défaillances de la faim, les tristesses de l'exil ; j'ai vu pleurer ma mère, le seul être pour qui je me tirerais du sang, s'il pouvait faire rentrer le feu en ses veines, ma vie à sa source ; j'ai bravé les balles au 24 février ; je passerai bien encore entre deux poignards.

IV.

Mais je ne laisserai pas donner le change à l'opinion. La police républicaine a voulu perdre la République. Eh bien, quoique la République m'empêche de vivre, j'aime assez mon pays pour le servir.

La police, telle que vient de la léguer Caussidière à son successeur, peut-elle faire l'affaire du Directoire ? Non

On a reporté à la gloire de Caussidière la surveillance si bien faite par l'ancienne police municipale et la garde nationale populaire. Si la paix des rues n'a pas été troublée, il faut en remercier le peuple armé dont la vigilance et la fatigue ont tout bravé ; ensuite la police de sûreté, qui, dis-je, fut depuis le 24 février la même qu'auparavant. Caussidière n'a rien réorganisé, rien reconstitué. Il a parfaitement dormi tranquille en suivant l'ornière de la précédente administration, et il y a mauvaise grâce à le parer des lauriers de M. Delessert. On le vantait, il y a huit jours, *d'avoir monté le coup* aux Montagnards, et de les avoir fait honnêtement déguerpir. C'est un acte, disait-on, qui prouve son savoir faire. Sait-on comment il l'a exécuté ? Quelle est cette comédie d'un homme qui s'arme d'un grand sabre et d'une double paire de pistolets, et qui, caressant ces armes entre ses doigts, supplie et menace tour à tour *ses chers Montagnards* de lui obéir ? Ces scènes étranges révèlent une nature où l'instinct brutal l'emporte sur l'énergie calme, sur la hardiesse froide et intelligente d'une chef de police.

Les considérations que j'émets sont au fond de tous les cœurs. Comment se fait-il qu'on n'osait se l'avouer ? Pourquoi semblait-on plutôt craindre ? Une vague inquiétude régnait dans la conscience de tous.

Le jour où Caussidière criait : *Je suis sur les dents,* on lui répondit en conférant au président de l'Assemblée des pouvoirs absolus. C'était certes une méfiance contre la police. Mais pourquoi cette peur de gens qui s'observent et se trompent? Aujourd'hui que vous disposez de la force, Monsieur Buchez, aujourd'hui que la police est rentrée dans les mains du pouvoir, en êtes-vous plus raffermis! Répondez ; je réponds pour vous : non! Caussidière a détruit votre véritable police.

Je vais vous lancer un paradoxe, au risque de vous déplaire. Demain, je suppose, une manifestation sort de dessous terre, — c'est chose possible ; le Palais-Bourbon est surpris,—c'est chose possible ; le triomphe de l'émeute est sans consistance, — je l'admets: un colonel d'infanterie paraît avec trois mille hommes, balaye le Directoire, la Représentation, musèle l'émeute ; et votre police, que vous aurez bien de la peine à reconstituer, votre police sans courage et déconsidérée, est impuissante devant ce coup de main.

Écoutez-moi. Je vais vous mettre le doigt sur une plaie. Il y a un mois à peine, Ledru-Rollin demanda un crédit de 500,000 francs pour la police générale. « Par décret du Gouvernement provisoire, en date du » 12 avril, il est ouvert sur l'exercice de 1848, au mi- » nistre de l'Intérieur, un crédit extraordinaire de « 500,000 francs pour mesures de sûreté générale. » Un demi-million de fonds secrets pour deux mois d'existence. Annibal était-il à nos portes? La France était-elle à deux doigts de sa perte? Est-ce que le Gouvernement provisoire allait être asphyxié?

La Commune de Paris de son côté publia, quatre ou cinq jours de suite, l'avis suivant en tête de ses colonnes : « Nous prions tous les révolutionnaires, nos » amis, connus ou inconnus, tous les présidents de » clubs, tous les chefs de corporations, de passer dans » nos bureaux, afin de nous donner des renseigne- » ments sur la situation qui devient plus grave tous » les jours. Plus que jamais il importe de se serrer et » de se concerter pour tenir tête à la réaction. » Ne dirait-on pas que Paris était menacé d'une catastrophe, à en croire le journal de la police? Comment se fait-il qu'après deux mois, la Cité soit tellement désorganisée qu'on ait besoin de recourir à de tels expédients? Faire appel à tous les présidents de clubs, à tous les révolutionnaires, inviter tous les ouvriers à se faire sergents de ville et à venir faire, — malgré cinq polices, — des rapports à la succursale de la rue de Jérusalem, vous me permettrez de vous dire que la police n'est pas forte. La note insérée en tête de *la Commune* est l'expression exacte de ce que l'on pensait à la Préfecture. Cette situation a-t-elle changé? Non, elle a empiré : une désorganisation complète, un désordre inouï, point de police véritable. vous dis-je, la

violation des règles de prudence les plus simples et les plus nécessaires au repos de la Cité. *La situation devient plus grave tous les jours!* s'écriait *la Commune. Un demi-million pour la sûreté générale!* s'écriait un membre du Gouvernement. En vérité, il y avait là moins immoralité que péril en la demeure; et ce péril existe encore, parce qu'il est le fruit de l'incapacité et de l'inimitié réciproque des exaltés contre les modérés.

Nous vivons dans un siècle d'égoïsme, où l'ambition, l'amour de la puissance a tellement envahi les cœurs, que la République aura besoin, plus que personne, d'une forte organisation de surveillance contre ses ennemis naturels. Un 18 Brumaire, un coup de palais, une conspiration de Mallet, une manifestation populaire, ou une descente de Boulogne peut encore nous menacer, et, dame! la République aurait besoin d'un... pour nous en avertir. C'est une nécessité fatale à laquelle il faut se soumettre : le mal concourt au triomphe du bien.

Les papiers de la police doivent aider à la vigilance du Gouvernement républicain. Seulement je déplore que la Préfecture soit encombrée de gens sans moralité, sans vigilance, sans capacité, qui, depuis trois mois, ont fait de la police une conspiration à leur profit et contre leurs adversaires personnels, contre Blanqui aussi bien que contre Marrast. Je déplore que des hommes se trouvent en premier et en second ordre dans les sommités de cette administration ; que ces hommes, dans l'espoir de conserver pour eux la conquête de la Révolution, soient disposés et à conspirer contre les libertés publiques, comme ils l'ont fait ouvertement le 15 mai, et à se servir encore de la police comme d'un moyen de recommencer plus sûrement ; que ces hommes exercent depuis trois mois cette puissance sans contrôle, sans surveillance, en dehors même du pouvoir, avec la pleine et entière faculté de communiquer et de dénaturer les renseignements qui sont à leur convenance.

Je pose cet axiome : La police républicaine n'est pas une force dans l'État ; elle a été un attentat à la Représentation nationale ; elle est une menace incessante de guerre civile.

V.

Ce qui rend la position de la police inexplicable, c'est la tortueuse politique qu'elle a été obligée de suivre. Dans la prévision d'une révolution sociale nouvelle, pour le cas où la Constituante ne satisferait pas les Travailleurs, Caussidière et compagnie étaient disposés à prêter leur concours et à soutenir, au besoin, une insurrection triomphante. C'est le secret de cette tactique qui consiste d'un côté à flatter la bourgeoisie.

et de l'autre à s'attacher personnellement la garde républicaine et des amis dans les clubs. Faire rentrer dans son lit le flot révolutionnaire ; briser les exaltés, pour rassurer les boutiquiers ; et en dessous tendre la main aux factieux, afin de conserver un vernis républicain ; annuler l'influence de Blanqui, et conserver néanmoins des intelligences avec ses lieutenants ; balancer l'un par l'autre afin d'accaparer le fruit de la lutte, c'est la seule manière d'expliquer le machiavélisme de certains actes. C'est ce qui faisait dire dans ces clubs : Soutenons Caussidière et Ledru-Rollin, parce qu'ils sont *les plus avancés*. Aveuglement éternel de la démocratie ! En promettant de donner la main aux ultra, Caussidière et compagnie n'ont cherché qu'à renverser Marrast et les modérés, quitte à retourner le fer contre les révolutionnaires comme Ledru-Rollin s'en est vanté à propos du 16 avril.

La lutte reste ouverte comme dès le premier jour. La police n'a cherché à se débarrasser de ses adversaires que pour déblayer le terrain au bénéfice de son étroite conspiration. Elle a frappé Cabet aussi bien que Girardin, elle a frappé Blanqui aussi bien que Raspail. Mais en donnant la main à Marrast et aux modérés pour renverser les tentatives présumées contre Ledru et Marrast à la fois, Caussidière a gardé, qui ne le sait pas ? un espoir de se débarrasser de Marrast. La lutte sourde qui ne cessa pas depuis le 24 février, se découvrira dès que Caussidière sera remplacé. Elle a déjà montré le bout de l'oreille : Caussidière a fait insinuer qu'on avait la preuve sur le livre rouge qu'une somme de 100,000 fr. avait été perçue par Marrast pour les fortifications de Paris. *Le National* a renvoyé le mépris de l'injure à qui de droit ; mais ce fait est la preuve du désordre qu'a entretenu Caussidière et derrière lequel il s'est retranché pour faire frapper son adversaire. Comment donc ! M. Caussidière est incapable d'avoir lancé une pareille insinuation, n'est-ce pas ? Il a quitté la Préfecture sans emporter une arme de vengeance ; croyez-vous ?

Caussidière a plus d'une fois rompu avec Marrast, et la scission des chefs a mis l'alerte dans les camps. Il faut éclairer le 16 avril, cette Journée des dupes. Pendant quatre jours la Préfecture avait rompu toute relation avec l'Hôtel-de-Ville. Des bruits de conspiration circulèrent de bouche en bouche, et les auteurs du complot étaient Caussidière et Cie, contre Marrast et les modérés. Il s'agissait de mettre les uns à la porte, ou de forcer les autres à donner leur démission. Ces tiraillements étaient connus en ville. D'un côté le rendez-vous des corporations fut donné par des hommes affiliés à la rue de Rivoli, 16 ; d'un autre côté, la banlieue descendit en ville sur l'avis qu'en fit donner secrètement l'Hôtel-de-Ville. Marrast compta sur la garde nationale et la

garde mobile ; l'Hôtel-de-Ville était sur pied de guerre : Marrast l'eût fait sauter. La rue de Rivoli regorgeait d'hommes et de munitions ; le club de la Révolution, autrement dit le club de la police, passa quatre nuits sous les armes, et chacun s'attendait à tenter, à chaque heure du jour ou de la nuit, un coup de main sur la Ville pour en expulser Marrast et les modérés. Ledru-Rollin, au profit de qui la conspiration était menée, ne voulut point pousser la chose jusqu'au bout ; il a dit, dans la séance du 6 mai : « que le jour où l'ordre pouvait être compromis par *quelques fous*, c'était lui qui avait appelé aux armes la garde nationale. » Ce double jeu de Ledru a montré, dans la manifestation du 15 mai, que sa popularité avait reçu des atteintes. Quoi qu'il en soit, le 16 avril a été une véritable Journée de dupes. Marrast a montré les dents à Rollin, Rollin a voulu mordre Marrast, Cabet seul a été mordu.

Mais quand on en vient là, on ne se réconcilie pas.

L'occasion de prendre une revanche devait naître des circonstances. Les plus habiles prirent la Pologne pour prétexte. C'était un terrain sur lequel le peuple devait facilement se laisser entraîner.

Ouvrez les yeux sur la situation de Paris la veille du 15 mai. Tout est prêt.

La Commune s'est attaché les chefs des clubs ; elle a capté Barbès, Huber, Deplanque, Villain, tout ce qu'il y a de plus révolutionnaire, et les souvenirs de 93 servent de drapeau à cette partie de son armée. La police, qui a fondé le club de la Révolution, se cache derrière Barbès, dirige son club pour balancer l'influence de la Société républicaine centrale dont le président l'inquiète. Sobrier a ses prétoriens, la plupart socialistes ; il leur promet la réalisation des idées sociales par la force ; il tient L. Blanc par Albert, fait des appels aux communistes du monde entier, inonde les murs de Paris d'adresses, de proclamations, d'affiches où le socialisme s'étale effrontément, sans discussion, sans examen. C'est Barbès, socialiste ; c'est Huber, socialiste ; c'est le club de la Révolution ; c'est le club des Droits de l'Homme, où domine le socialisme, qui se pressent rue de Rivoli, où la révolution sociale s'est concentrée.

Un groupe seul semble se tenir à part : c'est Blanqui et son club. Le document singulier qui est venu pour l'écraser semble ne l'avoir pas atteint ; l'arme a plié. La police, qui n'y est pas étrangère, sentant que Blanqui la domine encore, tourne autour de lui. Les Montagnards le choyent ou plutôt l'observent ; car dès qu'on conspire, et Caussidière le sait, on profite de ses adversaires, si 'on ne peut les écraser.

De là deux nuances. D'un côté Barbès et le club de la Révolution fondé par la police républicaine sous l'influence de Caussidière, et derrière lequel se dressent quatre membres du gouvernement : — d'un autre côté Blanqui, Flotte, Lacambre, Crousse, divers présidents des clubs groupés autour de la Société républicaine centrale. Dans ce dernier camp Caussidière a des intelligences ; il a des entretiens avec Flotte ; il fait des promesses à Blanqui ; leur cause est la même. Pour un tel machiavélisme, il eût fallu que Caussidière fût plus finement trempé.

La police avait été battue le 17 mars ; elle avait été impuissante le 16 avril ; elle voulait vaincre le 15 mai. Il y a entre ces trois journées une connexité. J'ai été acteur et complice des projets : je me suis séparé des actes parce qu'il ne m'a pas convenu de conspirer contre mon pays.

La manifestation du 15 mai n'est que l'épreuve avec la lettre des deux premières. C'est le même jeu, les mêmes acteurs, le même drame.

Le matin, une affiche portant convocation, est placardée sur les murs de Paris, et l'on voit au bas qu'elle sort de *la Commune*. Il faut que la police ait les honneurs de la journée, car la journée promet d'être bonne ; l'insurrection ne peut manquer d'être triomphante. Il faut que la police domine ses rivaux ; qu'elle déborde Blanqui. Huber, arrivé depuis peu des départements ; Huber, dont on a mis le nom, malgré son absence, au bas des affiches du Comité révolutionnaire présidé par la police ; Huber aura la hardiesse de donner le coup de massue ; mais il ne le fera qu'à un moment donné. Ce qu'il faut, c'est l'emporter sur Blanqui, l'homme de la ruse, de la méfiance, de l'audace, qui, toujours inébranlable, se redresse après chaque échec. Il faut enfin que la police accapare le fruit de la lutte et s'approprie le triomphe s'il y a lieu.

Récitons avec la rapidité de l'action.

Vers midi, la colonne s'ébranle sur la place de la Concorde. Un bataillon de garde nationale débouche par la petite rue des Champs-Élysées ; sa marche est interceptée ; il ne peut rejoindre le lieu du rendez-vous, le pont même, qui est couvert par les colonnes pressées de deux bataillons de gardes mobiles.

Comme la lutte doit avoir lieu à la rencontre des deux forces, je monte sur le parapet du pont, et j'attends, les bras croisés, que la lutte s'engage. Je sais qu'elle doit s'engager. Les bannières se précipitent à la tête du pont et demandent passage. « On ne passe pas. »

Les coups de feu vont-ils s'échanger ? Non La masse compacte entoure la mobile ; on enserre chaque soldat ; on lui presse les mains ; on l'appelle mon frère, on en appelle à ses sentiments ; les poitrines se découvrent, les baïonnettes disparaissent, il n'y a plus que des citoyens : la garde mobile est *enjôlée*, passez-moi le mot.

Le passage est ouvert. Puisque la première compagnie avait mangé sa consigne, la seconde demeura stupéfaite : les rangs s'ouvrirent de la même façon. La colonne marche, le pont est envahi aux cris de : *Vive la Pologne !*

Qu'on me permette de dire dans toute la sincérité de mon âme que nul officier n'ordonna d'enlever les baïonnettes. Je n'ai la prétention de défendre ni d'accuser personne ; spectateur impassible, j'ai suivi les mouvements du flot populaire ; rien n'a pu distraire mes regards d'observateur.

Je saute à bas du parapet, j'atteins la tête de la colonne, et j'arrive devant la grille de la Chambre avec le premier drapeau, sur lequel était inscrit : « Société républicaine centrale. » Le porte-bannière était un ancien Montagnard. Devant la grille étaient, non plus des gardes mobiles, mais je ne sais quelle légion de Paris. Sa résistance fut nulle ; on lui demanda d'enlever ses baïonnettes et elles disparurent, non pas à la voix d'un chef, mais aux cris de la foule : À bas les baïonnettes !

À peine quelques cris se font-ils entendre, demandant que les représentants viennent en cérémonie recevoir la pétition des mains du peuple sur les marches du Palais. S'ils l'eussent prévu et se fussent hâtés, tout était fini. Mais l'impatience fit précipiter la foule, et l'émeute s'écoula le long de la rue de Bourgogne pour prendre l'Assemblée par la place du Palais-Bourbon.

Arrivé là un des premiers, je m'aperçus fort bien que l'ordre avait été donné de résister. Des gardes nationaux de la 10ᵉ légion voulurent arrêter le peuple ; un garde s'avisa même de mettre en joue : ce malheureux fut saisi et presque écharpé. Quelques citoyens peu exaspérés l'environnèrent, et nous le fîmes passer dans les fentes de la foule pour éviter sa perte.

La foule devint si compacte que l'assaut du Palais devint nécessaire. Une terreur s'empara de nous, car arrivés devant la porte, une oscillation s'exécuta pour l'ébranler ; un panneau même manqua de voler en éclats. C'est à ce moment que parut Courtais. Il se hissa entre la colonnade, faisant une barricade de son corps à ceux qui escaladaient le mur. Je ne sais comment il ne se fit pas tuer : s'accrochant aux pointes de fer, il repoussait les assaillants et luttait corps à corps avec eux.

Qu'on accuse ce vieillard de faiblesse pour n'avoir pas enjoint aux troupes de faire feu quand même sur les insurgés, soit ; mais j'affirme que si Courtais avait fait braquer deux bouches à feu dans la cour, il eût troué la foule, mais il ne l'eût pas fait reculer. Je ne connais pas les ordres qu'il a donnés ; mais ce qu'il y a de certain, c'est que de la manière dont le peuple a ait plier les baïonnettes, toute résistance était impossible, et la garde nationale elle-même, pour qui la leçon est dure, n'a rien fait pour résister sérieusement aux envahisseurs. Il y avait quatre ou cinq mille hommes autour de la Chambre, et personne n'a fait son devoir. Il vaut mieux dire la vérité, afin de connaître le côté faible de la journée pour le *cas prochain* d'une nouvelle tentative.

Enfin l'Assemblée est envahie. Les tribunes se comblent; les bannières et les cris passent sur la tête de l'Assemblée comme un souffle d'orage. Je pénètre dans une tribune, j'arrive au premier rang, au milieu même de la salle. Je jouis d'un spectacle inouï : cette foule je la connais, j'en connais les chefs et les soldats; ils vont jouer à la guerre, et le drame sera intéressant pour moi, puisque je sais le nom de tous les auteurs.

A ce moment, un coup de feu part; l'émotion est grande, mais la terreur ne s'empare de personne : un coup de feu! qu'est-ce que cela, puisqu'il s'agit d'une révolution!

Tout d'un coup l'Assemblée est envahie par toutes ses issues, les portes sont forcées, le tumulte est à son comble. Je n'entreprendrai pas de raconter d'un ton froid les paroles enregistrées par le *Moniteur*. Je vais seulement jeter un coup d'œil sur l'ensemble et vous faire respirer sur les lèvres des acteurs le souffle qui les animait.

Au bas, dans l'enceinte, se meuvent les flots de peuple apportés par les clubs. Ils se regardent, se reconnaissent, se parlent, se groupent : les chefs s'observent; la lutte est inévitable. Dans le combat, ils vont rivaliser d'audace, mais ils ne se mêleront pas; les vieilles antipathies, les personnalités haineuses se feront jour. Au-dessus de la foule, au premier degré, apparaissent Blanqui, Flotte et la Société républicaine centrale; ils sont à la tribune, ils s'y cramponnent; ceux qui s'y présentent se brisent à leurs pieds ou passent par dessus leurs têtes. Blanqui, cet oiseau des tempêtes, y demeure immobile; de temps à autre il semble baisser la tête pour laisser passer une motion violente, espèce de coup de foudre qui s'éteint avec fracas; mais il reste fixe, il semble se bercer dans une force inconnue; il veut faire trembler les échos de la salle de sa voix aiguë, il ne veut pas quitter la tribune. Enfin il parle, et c'est pour remuer d'effroi l'Assemblée par le souvenir de Rouen. Raspail, qui a paru un instant à la tribune, s'est mêlé à la foule qui s'attache à ses pas, et se promène dans l'enceinte; Lamieussens observe en amateur.

Mais en dehors de ces deux hommes dont le flux roule contre la tribune, un reflux s'élève et veut les couvrir : c'est Barbès. Derrière lui s'agitent Sobrier,

Étienne Arago, Caussidière, la police enfin dont la voix veut dominer. Elle tonne en effet; les motions violentes se succèdent avec fracas : *C'est le peuple qui a bien mérité de la patrie! c'est un impôt d'un milliard!* Ces motions, dont je ne saurais trop indiquer le caractère, n'ont été mises dans la bouche de Barbès que pour l'emporter sur ses rivaux placés au-dessous de lui; motions qui trahissent l'impuissance et la crainte de laisser à Blanqui le succès de la manifestation.

Louis Blanc paraît; sa voix est méconnue, parce qu'en effet on n'est pas venu là pour discuter. Cependant la révolution sociale est au fond de l'insurrection, d'accord : aussi Louis Blanc est-il l'objet d'une ovation : il est saisi, hissé sur les épaules, et porté en triomphe autour de l'enceinte. On ne veut pas de lui à la tribune, parce qu'il n'a point encouragé le complot; on ne le voit pas non plus derrière Barbès, Arago, Caussidière, Sobrier, parce qu'il est également en dehors d'eux.

L'anxiété était au fond de mon cœur. Je vis les députés immobiles, et essayant de protester par leur silence; ils demeurent à leur poste pour que l'existence de la représentation ne disparaisse pas avec leurs personnes. Vains efforts. Voici le mot de l'énigme : Huber paraît au milieu des hommes du club de la Révolution; la police va reprendre le haut de la lutte; Huber a l'audace de proclamer la dissolution de l'Assemblée.

Dans cette tourmente, qui a duré de midi à cinq heures, je n'ai vu nulle part la main qui aurait dû apaiser le flot impétueux du peuple. La police conspire, donc elle ne peut sauver l'État. Elle a encouragé la révolte, elle a soufflé le vent de l'émeute qu'elle a laissé librement venir battre de sa rage le pied de la tribune. L'atteinte portée à la souveraineté n'émeut ni ouvertement ni occultement sa force; elle ne paraît que par ses agents qui sapent l'État; son chef est en tête du nouveau gouvernement.

Quand l'émeute a triomphé, je vois entrer par la porte détournée de la rue de Bourgogne un homme de police : c'est Cahaigne. Il paraît inquiet, son air mystérieux me frappe : Où allez-vous? lui dis-je.—Je vais voir. Le beau service que cet homme a rendu à son pays qu'il est chargé de défendre! Je me doute qu'il vient chercher un mot d'ordre, et que la préfecture n'est au courant de rien. En effet, je me rends vers la rue de Jérusalem; j'apprends en route que Sobrier a été éreinté et qu'on a manqué de le jeter à l'eau. Arrivé près de la Préfecture, je rencontre Tiphaine, le secrétaire intime de Caussidière; il regarde à droite, à gauche; il porte un grand sabre! un sabre! Eh pourquoi? La place d'un chef de police un jour d'émeute est, non sur un quai, mais dans son cabinet, où il doit attendre ses agents... Je me trompe, il n'y a plus de police politique; la désorganisation de la police secrète est à son comble; les chefs en sont réduits à porter des grands sabres et à voir le salut de la cité au bout d'un fusil.

J'aborde la rue de Jérusalem. Une compagnie de Montagnards y est campée. L'un d'eux sort effaré : « Eh bien, lui dis-je, où vas-tu ? — A la caserne St-Victor, pour marcher de là à l'Hôtel-de-Ville ; nous l'emporterons cette fois ! »

Je me porte à la Grève. Barbès, à la tête de trente hommes, venait d'y entrer. Un de ceux qui l'avaient entraîné dans ce guêpier me raconta qu'ils avaient rencontré Barbès seul, sur le quai, qu'ils l'avaient pris par le bras et qu'ils l'avaient forcé de proclamer le nouveau gouvernement. En entrant au Palais, des gardes républicains se replièrent et disparurent. Ils ne se montrèrent que pour essayer de barrer le passage à la garde nationale qui vint au pas de charge chasser l'émeute, un instant maîtresse du terrain.

Barbès, en s'emparant de l'Hôtel-de-Ville, se pénétra d'une vive inquiétude. Il était seul ; il avait un pressentiment ; il refusa obstinément de signer l'ordre de délivrer des armes aux insurgés. Ainsi l'émeute oublia deux choses essentielles au triomphe d'un coup de main : à la Chambre ils laissèrent échapper les membres du Directoire, qui donnèrent des ordres contre eux, à l'Hôtel-de-Ville on ne s'arma pas.

Les derniers moments de ce drame sont connus. Blanqui, Flotte et leurs amis, restés à la tribune de l'Assemblée après le départ de Barbès et de Sobrier, se dispersèrent sans doute au retour des Représentants. Ils ne parurent point à l'Hôtel-de-Ville Arrêtés on sait comment et conduits à la Préfecture de police, ils furent mis en liberté : soit ! Mais il y a une loi dans tous les pays du monde qui ordonne au moindre garde champêtre de mettre, sans mandat, la main sur tout homme pris en flagrant délit de rébellion. Caussidière fit moins que le dernier agent de la sûreté publique : il est vrai qu'il tutoie... j'allais dire ses complices.

Ne demandez plus avec étonnement pourquoi les éléments hétérogènes ont concouru à l'exécution du coup de main : c'est le hasard des circonstances qui a poussé les uns à l'extrémité par peur de voir les rivaux l'emporter. Caussidière donna la main à Blanqui par derrière Barbès ; mais les inimitiés, les personnalités, les dissidences auraient reparu le lendemain, comme elles reparaîtront toujours. Vous ne tarderez pas à voir les débris du club de la Révolution s'élever contre Blanqui, de même que vous lirez déjà dans le *Constitutionnel* une attaque de Blanqui contre Caussidière. C'est encore l'histoire de 93 qu'on allait fatalement nous réimprimer.

Eh bien! qu'on ne s'y trompe pas, la conjuration qui vient de se briser le nez à l'angle de la rue de Bourgogne se relèvera avant la fin de la Constituante. Les gens qui ont rêvé la dictature éventuelle de Ledru-Rollin rêveront encore un comité de salut public à leur profit direct. Nous sommes en 89, prenez garde d'avancer 93. La Montagne conserve les avenues ; elle a ses positions prises ; elle les garde, rien ne l'a ébranlée : l'échec du 15 ne la découragera pas. Il lui manque quatre ou cinq hommes ; qu'est-ce ? Toute minorité qu'elle est, elle a Paris sous sa main : elle tient les ressorts secrets de la force publique, dont elle se servira pour paralyser les efforts ouvertement pris par les questeurs de l'Assemblée et le directoire exécutif. Je vous avertis que, dans quelques quinzaines, un coup d'État, sorti de la rue et remontant encore jusqu'à la tribune, foudroiera l'Assemblée pour laisser la Montagne debout dans la majesté du triomphe.

Ainsi devant la guerre civile presque inévitable l'organisation de l'ordre est détruite. Il faut à la tête de la police un homme,—puisse M. Trouvé-Chauvel être assez courageux pour le faire!— qui balaye les écuries d'Augias. Il faut éplucher les nouveaux venus, les chasser au besoin, les mettre dans l'impossibilité de nuire. Il faut reconstituer la police; réorganiser ce qu'il peut en rester de bons éléments, en recruter de nouveaux, poster des hommes au seuil de toutes les avenues. En attendant, vos ennemis s'organisent; les clubs, dont les portes sont fermées, vont s'ouvrir d'autres portes; les hommes qui restent remplaceront facilement ceux que vous avez arrêtés, dont le nombre est faible; les corporations mécontentes seront de nouveau excitées à quelque manifestation pacifique que le moindre conflit changera en insurrection; les Cahaigne, les Tiphaine, les Lechallier ont les yeux sur vous; les conjurés qui tiennent les avenues du pouvoir et de la police étoufferont vos efforts entre leurs mains, paralyseront votre défense, et par le jeu serré, prompt, énergique, de leur tentative, vous jetteront bas en un clin d'œil. Cette prévision se réalisera.

VI.

Ainsi, l'on m'a frappé avec une calomnie de police, arme qui blesse à mort, parce que je n'ai pas voulu grandir par la Révolution, à condition de la noyer, cette Révolution généreuse, dans le sang de ses enfants, parce que je n'ai pas voulu, pour m'ancrer dans une position, encourager le désordre au lieu de faire fleurir l'ordre légal; parce que je n'ai pas voulu faire trembler les citoyens devant les écharpes rouges, en attendant qu'ils pleurent devant le drapeau noir; parce que je n'ai pas voulu, selon l'ancien système, jeter la division et désigner les uns au poignard, pour avoir raison des autres ; parce que je n'ai pas voulu commander à des gardes républicaines, non de sauvegarder la cité, mais de se préparer à un coup de main contre la constitution ; parce que je n'ai pas voulu jouer le Peuple, la Souveraineté, la Représentation ; être en permanence contre les décisions de l'Assemblée constituante ; et — si, comme Consul, comme Directeur, comme Président, demain ou dans deux mois on n'a pas pris mon *maître*, — jeter par les fenêtres d'un brumaire révolutionnaire les députés assez audacieux pour se croire les Représentants du peuple.

Je n'ai pas voulu troubler la paix par des émeutes, des menaces de guerre civile, des appels à la révolte, des provocations à l'assassinat ; tuer des ennemis comme un faussaire ; me vautrer dans l'orgie ; dilapider les fonds secrets ; touffer le travail ; faire rugir la France entière contre son Paris généreux ; entretenir une sourde agitation ; amonceler des quatre points cardinaux du pays une tempête de haines qui, demain, éclatera sur nous comme un coup de tonnerre et tuera la République. Voilà ce que je n'ai pas voulu faire, car c'eût été la plus exécrable des trahisons.

Nota. Afin de fermer d'avance la bouche à ceux qui voudraient me contredire ; afin qu'aucun doute ne s'élève contre mes affirmations, je soumets au public le *fac simile* d'une carte que Caussidière me donna lui-même dans ses bureaux.

LIBERTÉ, EGALITE, FRATERNITE.

SERVICE INTÉRIEUR
DU DÉPARTEMENT DE LA POLICE

Laissez circuler librement *et pénétrer dans les bureaux du département de la Police, le citoyen Bouton.*

Ici le timbre rouge
du Département
de la Police.

Paris, le 1er mars 1848.

Le Délégué de la République au Département
de la Police,

Je ferai remarquer que ce fut le 10 avril seulement que les agents de Caussidière firent, selon leurs expressions, éclater sur moi un tonnerre d'imprécations. Il y avait dix jours environ que j'avais rompu avec eux.

SOUS PRESSE :

PROFILS RÉVOLUTIONNAIRES

Trouvés dans les Archives de la Préfecture

ET QUE LA REVUE RÉTROSPECTIVE NE PUBLIERA PAS.

IMPRIMERIE CENTRALE DE NAPOLÉON CHAIX ET Cⁱᵉ, RUE BERGÈRE, 8.